METHODE DE LA MODELISATION ECONOMETRIQUE DU PIB EN RUSSIE

Ioulia Sharaborova

Mémoire de Master en Econométrie

Thème : Le Produit Intérier Brut

METHODE DE LA MODELISATION ECONOMETRIQUE DU PIB EN RUSSIE

Introduction

Si la <u>Russie</u> n'est plus une des premières puissances économiques mondiales comme au temps de l'<u>Union soviétique</u>, elle demeure aujourd'hui une des 10 économies les plus importantes au niveau international, et fait partie du groupe des pays les plus industrialisés (G8).

Dans ce mémoire, on veut construire un modèle pertinent pour estimer le PIB de Russie, parce qu'au bout de la crise financière dite Subprime, la plupart du pays industrialisés sont plus ou moins touchés, mais la Russie semble résister bien à cette crise(croissance de PIB de 7,5% par rapport à 7,2% par prévision en 2007), c'est très intéressant de tirer le profit.

Premièrement, on constate que l'économie russe est une économie de rente. Du fait de l'importance des ressources naturelles (pétrole, charbon, gaz naturel et divers métaux notamment), la rente énergétique a contribué à un taux de croissance économique de 5 à 7% par an depuis 2000 et alimenté un fonds de stabilisation important(157,38 milliards de dollar au 30 janvier 2008). A priori, dans notre modèle pour estimer le PIB de Russie, les variables au sens de production énergétique ont raison d'avoir des poids lourds. En plus, le degré d'ouverture du pays au reste du monde a largement augmenté, le commerce extérieur représente 47,6% du PIB en 2006, on peut essayer d'ajouter des variables qui viennent du domaine de commerce pour expliquer la fluctuation du PIB, par exemple : exportation, importation. En fin, au sens de l'économie, on sait que la consommation peut avoir une forte influence sur le PIB, surtout celle de consommation de l'Etat dont les ressources proviennent directement des ventes pétrolières.

Parallèlement, le PIB est une variable autorégressif, le PIB de l'année prochaine dépend fortement le PIB de cette année, on doit prendre en compte le phénomène d'autocorrélation.

L'ensemble de la programmation est effectué avec le logiciel GROCER. La rédaction ne comprend que des graphiques et des sorties importants pour mener à bien l'étude. Pour la base des données utilisée ainsi que le programme consultez l'annexe.

I. Descriptif des données

A. Les variables du modèle

Nous avons choisi valeurs trimestrielles de conjoncture sur l'ensemble de l'économie russe publiées sur l'OCDE Source. L'étude se fera sur la période du 1er trimestre 1998 au 4ième trimestre 2007, ce qui fait 40 observations au total.

1. Variable à expliquer : GDPCC : Produit intérieur brut en Russie, prix courant. Unités: RUB milliards - puissance: 9

1. a. Présentation de la série brute

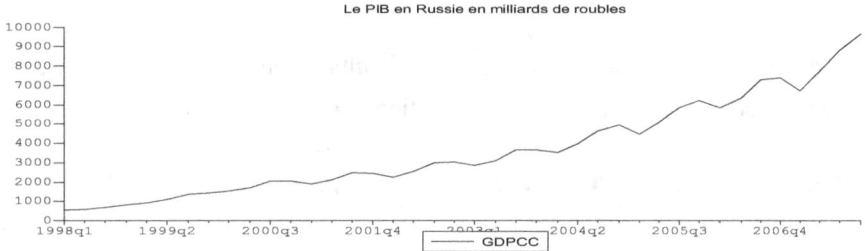

1. b. Etude du taux de croissance du PIB

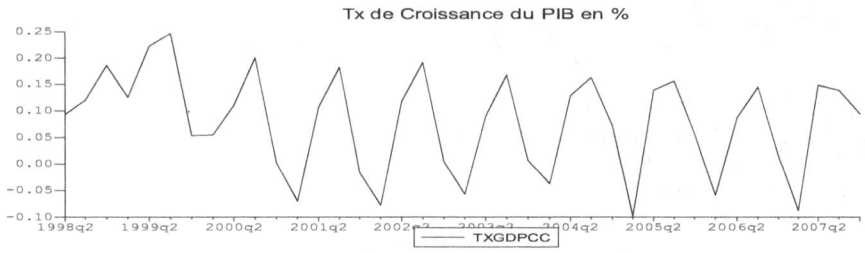

On peut voir que le taux de croissance est très saisonnier et régulier au cours des semestres. Il est toujours à la baisse au quatrième trimestre de l'année. Cela pourrait s'expliquer par la coutume culturelle de faire la fete en Russie à la fin de l'année. La plupart des entreprises et les administrations publiques sont fermées pendant environ deux semaines. Ainsi, vous avez plus de chances d'entendre pour tous les contrats possibles « revenez nous voir l'année prochaine ». Effectivement, on peut constater un phénomène de rattrapage de croissance pendant le trimestre qui suit.

Egalement, on peut remarquer que le taux de croissance est atypique en 1998 et 1999. Cela s'explique par la crise financière qui a commencé fin 1997.

1. c. Test de stationnarité ADF du GDPCC

1. c.1 Dickey Fuller simple

Remarque : Nous avons la table des valeurs tabulées que pour n supérieur à 100 à seuil 5%. Cela ne pose pas de problèmes pour faire des conclusions correctes car on se repère également par rapport à la p-value et la conclusion que scilab imprime à la fin de chaque test. Les sorties du test sont très volumineuses on va seulement commenter les valeurs importantes.

Modèle 3 : constante + tendance

La tendance t=1,01 inféreure au seuil critique à 5% tabulé 2,79 donc n'est pas significative.

Modèle 2 : constante

Constante t=0.37 inférieure au seuil critique à 5% tabulé 2,79 donc n'est pas significative.

Modèle 3 : ni constante ni tendance

Racine unitaire : t=3,417 supérieure au seuil 1.958 à 5%. On accepte l'hypothèse nulle de non stationnarité. Le GDPCC suit un processus de marche aléatoire sans dérive.

Conclusion : Il y a présence de racine unitaire. C'est le résultat attendu. Nous avons déjà vu dans le graphique de la série brute que la série n'était pas stationnaire en moyenne.

1. c.1 DF sur DGDPCC (GDPCC en différence première)

Modèle 3 :

```
ADF estimation results for dependent variable: del(endogenous)
estimation period: 1998q4-2007q4
number of observations: 37
number of variables: 4
R² = 0.7521964        adjusted R² =0.7296688
Overall F test: F(3,33) = 33.389995        p-value = 4.129D-10
standard error of the regression: 269.31212
sum of squared residuals: 2393457.6
DW(0) =2.1582284
Belsley, Kuh, Welsch Condition index: 4
variable              coeff        t-statistic  p value
endogenous(t-1)      -1.7630694   -9.8483051    °
del(endogenous(t-1)) 0.7780224    6.0614757     0.0000008
cte                   58.063743    0.6396484     0.5268172
t                     17.520949    3.9555091     0.0003817
                              *        *
.....................................
° t-value for variable endogenous(t-1) should be compared to the following values:
1% level 5% level 10% level
-3.183    -3.512    -4.186
conclusion: the null hypothesis of a unit root is rejected at a 1% leve
```

conclusion: the null hypothesis of a unit root is rejected at a 1% level

Ici on s'arrete au modèle 3 car l'hypothèse nulle de non stationnarité est rejetée. « DGDPCC est un processus TS avec erreurs ARMA. On peut le rendre stationnaire en calculant les écarts par rapport à la tendance estimée par les MCO [1]» C'était bien le résultat attendu en regardant le graphique du taux de croissance de la série brute.

---

[1] Chapitre 5 : Econométrie des séries termporelles macroéconomiques et financières Lardic et Mignon

2. Les variables explicatives

On aimerais attirer votre attention que des variables en valeur et en volume étaient prisent pour cette étude. Normalement, on devrait éviter de pas melanger ce types de données. Malheureusement, sur l'OCDE la producion du charbon, pétrol, du gaz et de l'acier ne sont disponibles qu'en volume. Vu la conjoncture économique actuelle en Russie on ne peut en aucun cas exclure ces variables du modèle.

2.1 Présentation des séries

Les 12 variables explicatives sont les suivantes :

1 PC : production du charbon. Unités: millions tonnes - puissance: 6

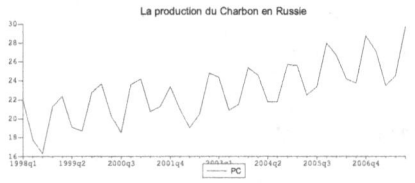 

2. PCPT : Production pétrolière naturelle. Unités: mille tonnes - puissance: 3

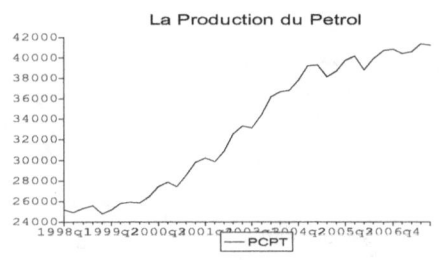 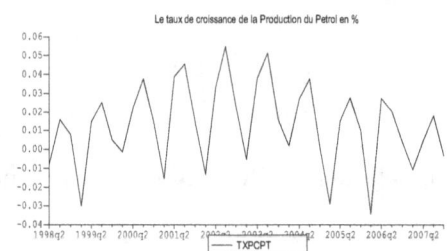

3. PG : Production du gaz. Unités: milliards m³ - puissance: 9

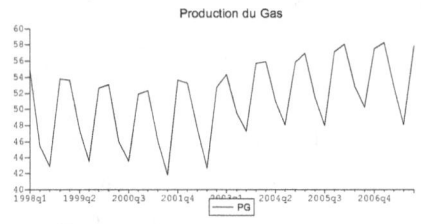 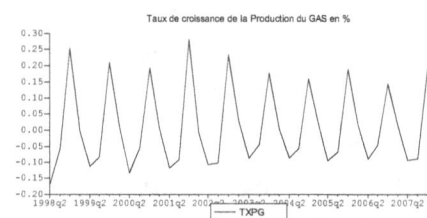

4. PMCS : Production d'acier manufacturé. Unités: millions tonnes - puissance: 6

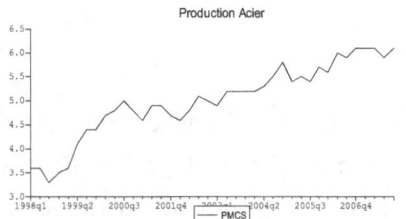

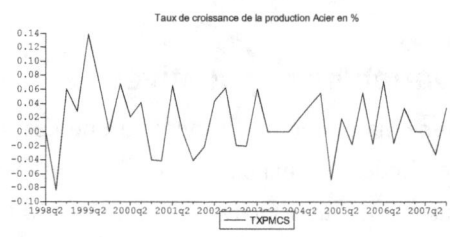

5. PTI : Production industrielle totale. Unités: 2000=100 - puissance: -2

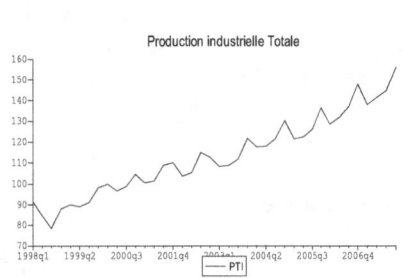

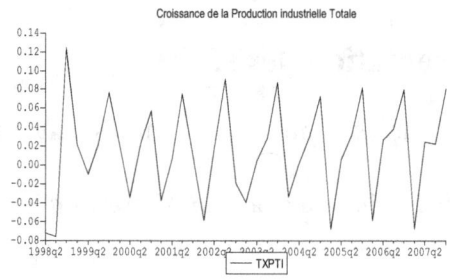

6. EX : Exportation. Unités: millions USD - puissance: 6

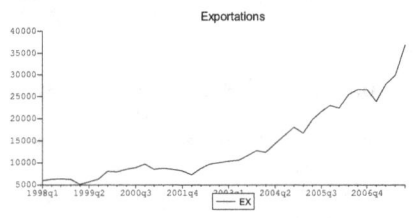

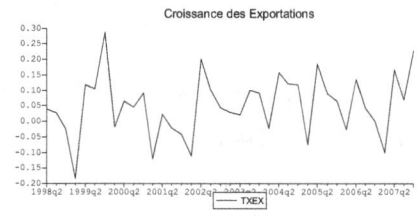

7. IM : Importation. Unités: millions USD - puissance: 6

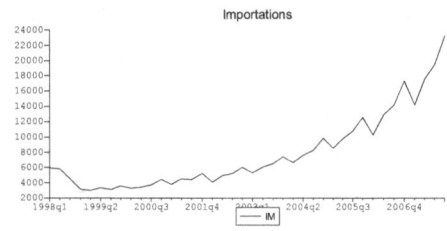

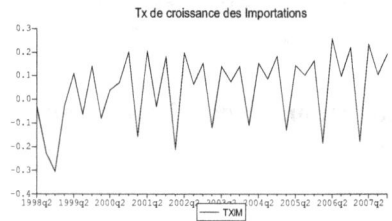

Il y a une forte irrégularité en 1998. Suite à la chute brutale du rouble par rapport au dollar. Passage de 5 RUB = 1 USD à 25 RUB=1 USD. On passe de 5947 millions USD 1er semestre 1998 à 3037 millions USD 1er semsetre 1999. Les importations sont divisées par deux en 1 an ce qui s'est traduit par une baisse considérable du pouvoir d'achat de la population russe.

Par ailleurs, à partir du 1er semestre 1999 la courbe est plus nettement plus homogène. Mais les variations saisonières sont plus amplifiées.

8. MEA : Revenus mensuels : tous les activités. Unités: RUB - puissance: 0

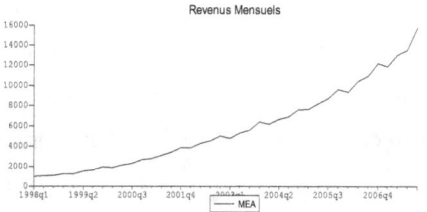

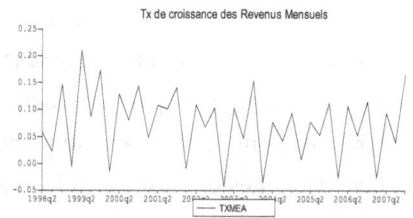

9. CONSOG : Dépenses de consommation publique, prix courant. Unités: milliards RUB - puissance: 9

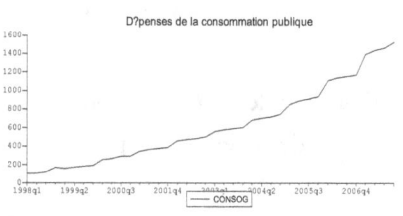

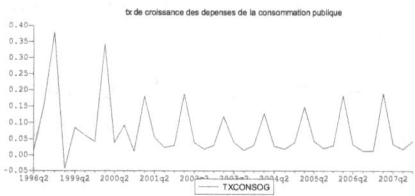

10. CP : Prix de consommation. Unités: 2000=100 - puissance: -2

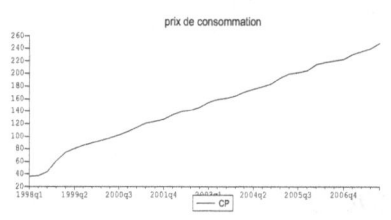

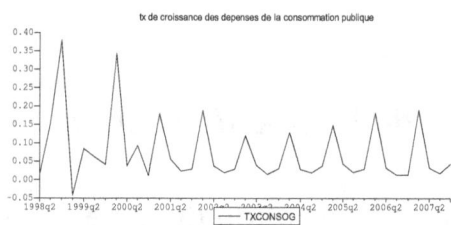

11. PP : Prix de production. Unités: 2000=100 - puissance: -2

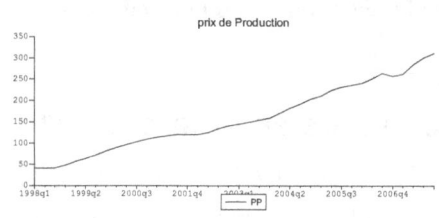

12. TRT : Vente au détail total. Unités: milliards RUB - puissance: 9

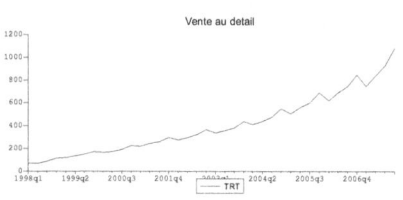

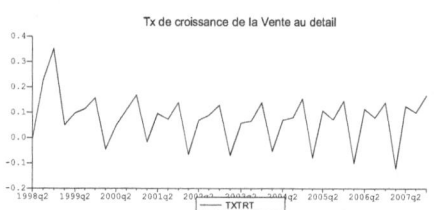

2.2 Stationnarité des séries explicatives

« La stationnarité a des conséquences fondamentales sur le plan économétrique. En présence de racine unitaire, les propriétés asymptotiques usuelles des estimateurs ne sont plus valables et il est nécessaire de développer une théorie asymptotique particulière. Par ailleurs, si l'on se place dans un cadre multivarié, appliquer les méthodes usuelles de l'économétrie peut conduire à estimer des régressions qui ont l'air statistiquement très correctes entre des variables qui n'ont en réalité aucun lien entre elles (régressions falacieuses)[2] »

Ainsi, normalement on devrait procéder à la stationnarisation des séries une à une avant de commencer notre étude. Ici les séries sont assez simples, un filtre de différence première et un autre à l'ordre 4 pour filtrer la saisonnalité a priori seraient satisfaisants.

Graphiquement, on peut constater que l'ensemble des séries brutes sont non stationnaires en moyennes. Par ailleurs il n'y pas de problèmes de volatilité apparents. La variance semble etre constante dans le temps. On ne prendra pas en compte la perturbation causée en 1998 et 1999 par la crise financière.

On peut constater que le taux de croissance des « exportations » et de PP (prix de production) sont nettement moins régulièrs que celles des autres séries. Dans ces deux séries la saisonnalité n'est pas aussi régulière ni facilement repérable.

Par ailleur, le taux de croissance de l'ensemble des séries explicatives est très proche de celle de celle du PIB sur lequel nous avons effectué le Test de Dickey Fuller. Sans faire de test de Dickey Fuller on va admettre qu'elles peuvent etre stationnarisées par la différence 1[ière].

Resumé de l'étude des séries

Constat 1 : Correction de la saisonnalité inutile

A partir des graphiques des taux de croissances de toutes les variables on peut conclure que l'ensemble des variables sont saisonnières. Il y a sistématiquement une chute au 4ième trimestre. Ainsi, la saisonnalité du PIB est prise en considération par toutes les variables explicatives. Cela nous soulage le travail car nous n'avons pas besoin d'introduire des dummies pour faire des corrections saisonnières.

Constat 2 : Toutes les séries sont stationnaires en différence 1[ière]

De l'autre coté, nous avons effectué le test de Dickey Fuller sur la variable à expliquée GDPCC et nous avons conclu qu'elle est stationnaire en différence 1[ière]. Nous avons admis l'hypothèse que toutes les séries explicatives le sont également. Ainsi, on peut passer à notre étude par les MCO sur les séries brutes sans faire de transformations supplémentaires.

---

[2] Chapitre 5 : <u>Econométrie des séries termporelles macroéconomiques et financières</u> Lardic et Mignon

II. Présentation du modèle

A. Modèle Autorégréssif (méthode de sélection automatique)

1. Modèle 1 bis

Nous avons réalisé un modèle autorégréssif par la séléction automatique des variables. Les tests indiquent qu'il y a normalité, homoscédasticité, et absence d'autocorrélation de l'ordre 1 à 4. De meme, le modèle est stable selon le test de Chow. Mais il y a de la colinéarité selon le critère de BKW=670 supérieur à 100.

```
ols estimation results for dependent variable: GDPCC
estimation period: 1999q1-2007q4
number of observations: 36
number of variables: 10
R² = 0.9997138        adjusted R² =0.9996147
Overall F test: F(9,26) = 10089.827        p-value = 0
standard error of the regression: 46.003447
sum of squared residuals: 55024.245
DW(0) =2.3518946
Belsley, Kuh, Welsch Condition index: 670

variable        coeff       t-statistic p value
lagts(2,GDPCC) -0.4887651 -8.9031633    2.248D-09
lagts(4,GDPCC) 0.3223031   5.72193      0.0000051
PC             -17.20786  -3.2944608    0.0028478
PMCS           141.07017   3.2868693    0.0029023
CONSOG         2.737046    6.9207973    0.0000002
EX             0.0978185   14.066182    1.148D-13
IM             -0.0771154 -5.9052656    0.0000031
MEA            -0.1622975 -2.3198356    0.0284661
TRT            7.1621026   6.2230285    0.0000014
cte            -432.51225 -1.9337801    0.0640960
```

```
tests results:
**************
test                      test value p-value
Chow pred. fail. (50%) 1.17642      0.4269544
Chow pred. fail. (90%) 2.2814045    0.0929360
Doornik & Hansen         0.6601881   0.7188561
AR(1-4)                  1.2286455   0.3274528
hetero x_squared         2.3705535   0.1149458


variable        reliability
lagts(2,GDPCC)  1
lagts(4,GDPCC)  1
PC              0.4
PMCS            0.7
CONSOG          1
EX              1
IM              0.4
MEA             0.4
TRT             1
cte             0.4
```

2. Modèle 1 final

Les tests ci-dessus montrent que le modèle est acceptable. Il y a normalité, homoscédasticité, absence d'autocorrélation. Il y a présence de colinéarité. En ce qui concerne la stabilité seule forward cusum est satisfait.

```
ols estimation results for dependent variable: GDPCC
estimation period: 1999q1-2007q4
number of observations: 36
number of variables: 7
R² = 0.9992814        adjusted R² =0.9991327
Overall F test: F(6,29) = 6721.199        p-value = 0
standard error of the regression: 69.017711
sum of squared residuals: 138139.89
DW(0) =1.6923661
Belsley, Kuh, Welsch Condition index: 189

variable        coeff       t-statistic p value
lagts(2,GDPCC) -0.4628196 -6.2530077    0.0000008
lagts(4,GDPCC) 0.4272020   5.4869135    0.0000066
PMCS           215.76808   3.6847587    0.0009347
CONSOG         2.2320187   4.9015289    0.0000334
EX             0.0941383   11.550161    2.279D-12
TRT            2.6619507   4.7183714    0.0000555
cte            -925.598   -3.6498665    0.0010257

Jarque and Bera normality test:
chi2(2)=2.5563755
(p -value                   = 0.2785416)
jbnorm estimation results
Doornik and Hansen normality test:
chi2(2)=0.5051333
(p -value                   = 0.7768044)

White heteroscedasticity test:
chi2(28)=28.921337
(p -value                   = 0.416526)
White heteroscedasticity test:
```

```
Lagrange multiplier 1-1 autocorrelation test:
chi2(1)=0.7133326
(p -value                   = 0.3983397)
Lagrange multiplier 1-1 autocorrelation test:
F(1,28)=0.7319806
(p -value                   = 0.3995042)
Lagrange multiplier 1-2 autocorrelation test:
chi2(2)=2.3288949
(p -value                   = 0.3120951)
Lagrange multiplier 1-2 autocorrelation test:
F(2,27)=1.2743686
(p -value                   = 0.2958934)
Lagrange multiplier 1-3 autocorrelation test:
chi2(3)=2.2697441
(p -value                   = 0.5183419)
Lagrange multiplier 1-3 autocorrelation test:
F(3,26)=0.8289466
(p -value                   = 0.4899974)
Lagrange multiplier 1-4 autocorrelation test:
chi2(4)=2.2714155
(p -value                   = 0.6859781)
Lagrange multiplier 1-4 autocorrelation test:
F(4,25)=0.6246032
(p -value                   = 0.6493018)
Lagrange multiplier 1-5 autocorrelation test:
chi2(5)=2.7207198
(p -value                   = 0.7429477)
Lagrange multiplier 1-5 autocorrelation test:
F(5,24)=0.6137169
(p -value                   = 0.6903940)
Lagrange multiplier 1-10 autocorrelation test:
chi2(10)=8.3918479
```

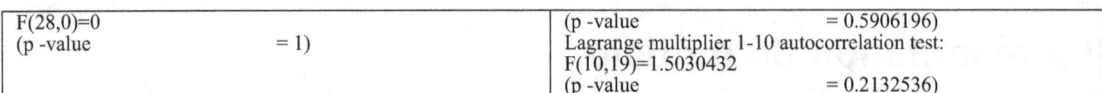

F(28,0)=0 (p -value = 1)	(p -value = 0.5906196) Lagrange multiplier 1-10 autocorrelation test: F(10,19)=1.5030432 (p -value = 0.2132536)

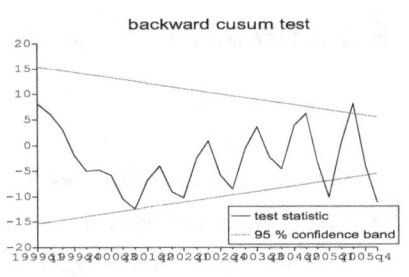

backward cusum test

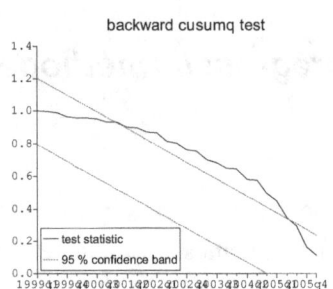

backward cusumq test

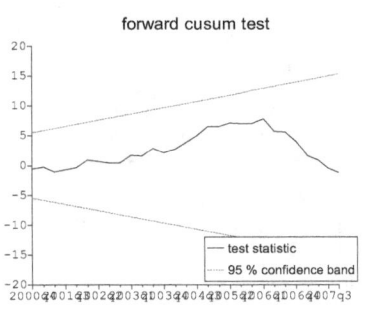

forward cusum test

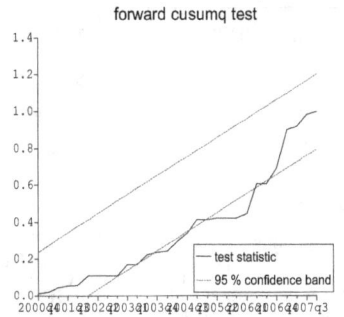

forward cusumq test

B. Modèle dynamique

B. 1. Méthode Backward Stepwise

B.1.1. Methode de recherche du modèle

Etape 1 : Estimation du modèle statique sans aucun retard avec toutes les variables. Application de méthode Backward Stepwise : on enlève la variable la moins significative. Les variables eliminée dans l'ordre : MEA, PCPT, PC, IM, CP, PMCS, PTI.

Les variables retenues pour le modèle : PG(production de Gas), Ex (exportations), PP (Prix de production), TRT (total retail trade). Ce modèle n'avait pas de problème d'hétéroscédasticité. Il y avait la normalité des erreurs.

On avait le problème d'autocorrélation des erreurs très marqué à l'ordre supérieur à 3. C'est le résultat normal attendu après avoir constaté que la série GDPCC est fortement déterministe.

Etape 2 : Introduction des retards 1 à 5 sur des variables exogènes. On trouve que le retards : 2 et 3 de la variable TRT(total retail trade) sont significatifs. De meme, le retard en 3 du PG(production de gas) est significatif.

On fait un des combinaisons des 3 retards pour choisir le modèle :

Lagts(3,PG)+Lagts(2,TRT)+Lagts(3,TRT) : conduit PG non significatif. Donc il y a saturation des varibles qui n'améliore pas l'autocorrélation.

Lagts(3,PG)+Lagts(2,TRT) : retards TRT n'est pas significatif alors que celui de PG reste très significatif.

Lagts(3,PG)+Lagts(3,TRT) : les Deux sont très significatifs. Il y a disparition de l'autocorrélation des résidus à l'odre 3. Mais le problème persiste à pour l'ordre supérieur à 4.

Etape 3 : Introduction des retards de la variable endogène de 1 à 5. Dans le modèle :

GDPCC=cte+lagts(1à 5, GDPCC)+PG+lagts(3,PG)+TRT+lagts(3,TRT)+EX+PP

Les retards en 1,4 et 5 sont non significatifs.

Le retard en 2 est significatif. Mais le retard lagts(3,PG) deviens non significatif. On decide de l'enlever. On obtient le modèle GDPCC=cte+lagts(2, GDPCC)+PG+TRT+lagts(3,TRT)+EX+PP qui présente encore des problèmes d'autocorrélation à l'ordre 3 et supérieur.

Enfin, on introduit dans le modèle précedent le retard en 3.

B.1.2. Le modèle 2

GDPCC=cte+lagts(3,GDPCC)+PG+TRT+lagts(3,TRT)+EX+PP

Voici les résultats détaillés obtenus pour ce modèle dynamique 2. Normalité des Résidus. Significativité des coefficients. Homoscédastiticité. Disparition absolue d'autocorrélation de l'ordre 1 à 10. Mais la statistique de Belsley, Huh, Welsch nous indique la présence de colinéarité des variables.

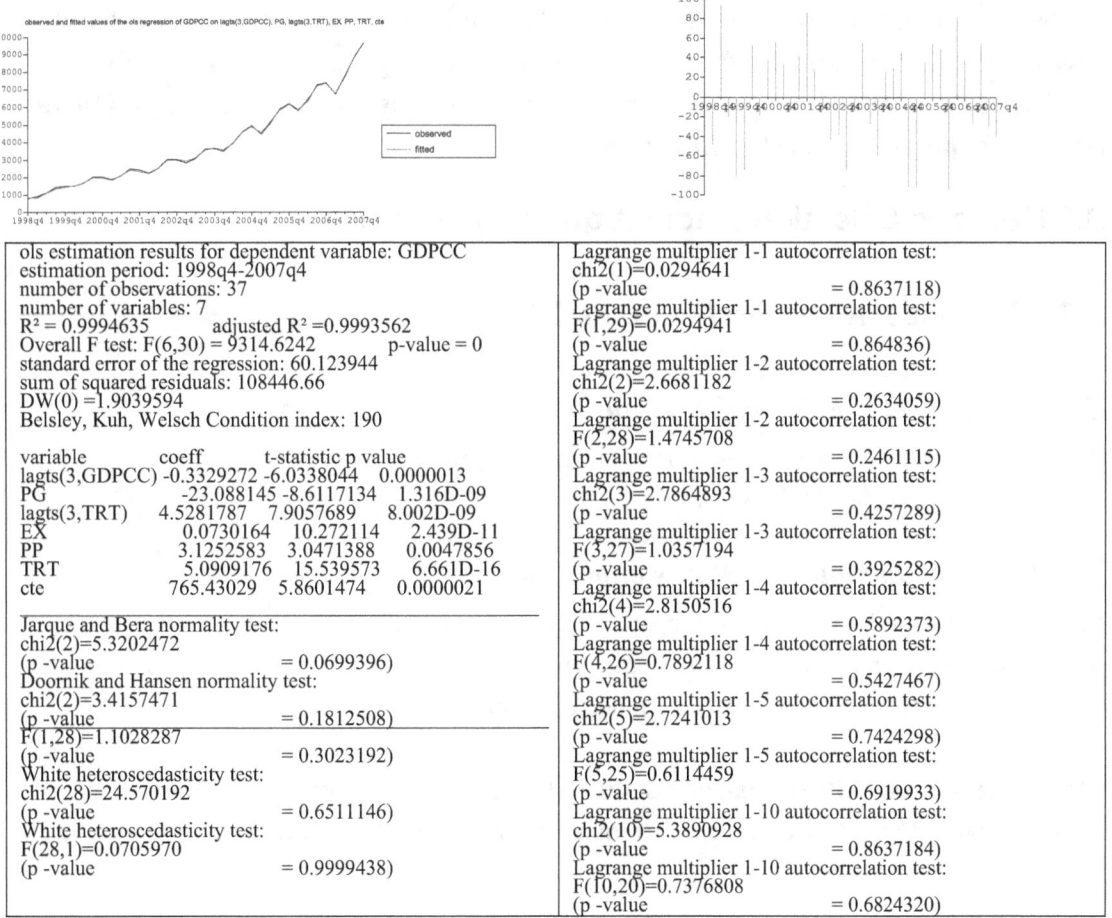

ols estimation results for dependent variable: GDPCC
estimation period: 1998q4-2007q4
number of observations: 37
number of variables: 7
R^2 = 0.9994635   adjusted R^2 =0.9993562
Overall F test: F(6,30) = 9314.6242   p-value = 0
standard error of the regression: 60.123944
sum of squared residuals: 108446.66
DW(0) =1.9039594
Belsley, Kuh, Welsch Condition index: 190

variable	coeff	t-statistic	p value
lagts(3,GDPCC)	-0.3329272	-6.0338044	0.0000013
PG	-23.088145	-8.6117134	1.316D-09
lagts(3,TRT)	4.5281787	7.9057689	8.002D-09
EX	0.0730164	10.272114	2.439D-11
PP	3.1252583	3.0471388	0.0047856
TRT	5.0909176	15.539573	6.661D-16
cte	765.43029	5.8601474	0.0000021

Jarque and Bera normality test:
chi2(2)=5.3202472
(p -value   = 0.0699396)
Doornik and Hansen normality test:
chi2(2)=3.4157471
(p -value   = 0.1812508)
F(1,28)=1.1028287
(p -value   = 0.3023192)
White heteroscedasticity test:
chi2(28)=24.570192
(p -value   = 0.6511146)
White heteroscedasticity test:
F(28,1)=0.0705970
(p -value   = 0.9999438)

Lagrange multiplier 1-1 autocorrelation test:
chi2(1)=0.0294641
(p -value   = 0.8637118)
Lagrange multiplier 1-1 autocorrelation test:
F(1,29)=0.0294941
(p -value   = 0.864836)
Lagrange multiplier 1-2 autocorrelation test:
chi2(2)=2.6681182
(p -value   = 0.2634059)
Lagrange multiplier 1-2 autocorrelation test:
F(2,28)=1.4745708
(p -value   = 0.2461115)
Lagrange multiplier 1-3 autocorrelation test:
chi2(3)=2.7864893
(p -value   = 0.4257289)
Lagrange multiplier 1-3 autocorrelation test:
F(3,27)=1.0357194
(p -value   = 0.3925282)
Lagrange multiplier 1-4 autocorrelation test:
chi2(4)=2.8150516
(p -value   = 0.5892373)
Lagrange multiplier 1-4 autocorrelation test:
F(4,26)=0.7892118
(p -value   = 0.5427467)
Lagrange multiplier 1-5 autocorrelation test:
chi2(5)=2.7241013
(p -value   = 0.7424298)
Lagrange multiplier 1-5 autocorrelation test:
F(5,25)=0.6114459
(p -value   = 0.6919933)
Lagrange multiplier 1-10 autocorrelation test:
chi2(10)=5.3890928
(p -value   = 0.8637184)
Lagrange multiplier 1-10 autocorrelation test:
F(10,20)=0.7376808
(p -value   = 0.6824320)

Tests de stabilité du cusum et cusum carré de Brown-Durbin-Evans :

Backward

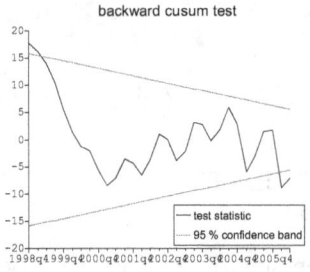

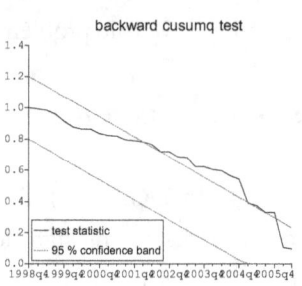

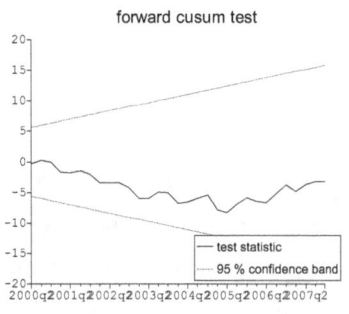

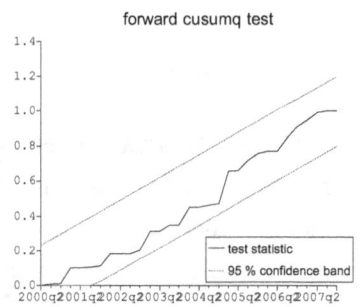

Le test de cusum forward nous indique la stabilité du modèle. Mais celui du backward présente un peu d'instabilité. On peut supposer que cela est du à la spécificité du GDPCC qui présente une tendance croissante dans le temps. On va retenir l'hypothèse de la stabilité du modèle.

B.2 Méthode Séléction automatique des variables

B.2.1 Méthode de recherche du modèle

Etape 1 : Recherche du modèle statique

Nous avons introduit l'ensemble des variables et avons repéré les séries les plus pertinantes :
PCPT 1 ; PG 1 ; CONSOG 0.7 ; MEA 0.7 ; TRT 1 ; NT 0.7

Etape 2: Introduction des retards endogènes

Nous avons modifié la méthode par rapport à la précedente « backward stepwise ». Nous avons décidé d'introduire en premier les retards endogènes et ensuite les exogènes. Les retards 2, 3 et 4 du GDPCC se sont avérés significatifs. Le modèle intérmédiaire :

GDPCC=cte+lagts(2,GDPCC)+lagts(3,GDPCC)+lagts(4,GDPCC)+PC(charbon)+PCPT(petrol)+PC(charbon)+CONSOG(Conso du gouvernement)+EX+IM+MEA(Revenus)+TRT(retail trade)

On peut remarque que le modèle est tout à fait pertinent selon la théorie macroéconomique des ressources-emplois.

Etape 3 : Introduction des retards des variables exogènes

La macro de sélection automatique ne peut faire les calculs que sur un nombre limité des séries. Ainsi, pour éviter le problème technique de sursaturation dans la première étape nous avons introduit des retards de 1 à 4 des variables explicatives une à une.

PC(charbon) : retard 1 et 3 retenus. Modèle retenus a des problèmes d'autocoréllation.

PCPT(petrol) : retard 1 et 2 retenus.

CONSOG(Conso du gouv) : retard 3 retenus mais la variable sans retards n'est plus significative.

EX : aucun retard retenu

IM : retard en 3 retenu mais la variable sans retard n'est plus significative.

MEA : aucun retard n'est retenu.

TRT : retard en 3 retenu mais la variable sans retard n'est plus significative.

Réalisation du modèle de synthèse avec introduction des retards ci-dessus.

B.2.2 Le modèle retenu

B.2.2.1 Modèle 3 Bis

```
final model
strategy                                    : liberal
F presearch significance level              : 0.75
t-test significance level                   : 0.1
F test significance level                   : 0.125
specification tests significance level : 0.01
Information criterion                        : bic

ending reason: stage 2 models selected by bic criterion

ols estimation results for dependent variable: GDPCC
estimation period: 1999q1-2007q4
number of observations: 36
number of variables: 10
standard error of the regression: 28.767431
sum of squared residuals: 21516.692
DW(0) =1.814259
Belsley, Kuh, Welsch Condition index: 921
```

variable	coeff	t-statistic	p value
lagts(2,GDPCC)	-0.2304644	-8.0550815	1.555D-08
lagts(4,GDPCC)	0.2615179	6.8476284	0.0000003
PC	-25.696129	-3.8793987	0.0006398
lagts(1,PCPT)	0.1092720	9.9306296	2.450D-10
lagts(2,PCPT)	-0.0801979	-7.6069241	4.490D-08
lagts(4,PG)	-9.7466925	-3.3126534	0.0027210
CONSOG	2.4483918	10.768986	4.434D-11
EX	0.0968901	22.271983	0
MEA	-0.3334301	-6.9108204	0.0000002
TRT	6.9678906	9.8654323	2.809D-10

On peut constaté que l'introduction des variables retardées a fait augmenté l'indice de colinéarité BKW=921 ce qui tout a fait pertinent pour ce modèle. Toutes les variables sont significatives. Mais nous n'avons que 40 observations dans le modèle on ne peut pas retenir un modèle avec 10 variables explicatives. On alléger ce modèle pour obtenir le modèle final.

variable	reliability
lagts(2,GDPCC)	0.7
lagts(4,GDPCC)	1
PC	0.7
lagts(1,PCPT)	1
lagts(2,PCPT)	1
lagts(4,PG)	0.7
CONSOG	0.7
EX	1
MEA	0.7
TRT	0.7

B.2.2.1 Modèle 3 Final

GDPCC=cte+lagts(2,GDPCC)+lagts(4,GDPCC)+lagts(1,PCPT(petrol))+CONSOG(Consomat ions du gouvernement)+Exportations

Dans ce modèle il y normalité, homoscédasticité et absence d'autocorrélation des erreurs. BKW de 125 indique qu'il y a colinéarité. Enfin, il y a stabilité du modèle par le test cusum forward.

ols estimation results for dependent variable: GDPCC
estimation period: 1999q1-2007q4
number of observations: 36
number of variables: 6
$R^2 = 0.9990899$ adjusted $R^2 = 0.9989382$
Overall F test: F(5,30) = 6586.7144   p-value = 0
standard error of the regression: 76.365733
sum of squared residuals: 174951.75
DW(0) =1.7441162
Belsley, Kuh, Welsch Condition index: 125

variable	coeff	t-statistic	p value
lagts(2,GDPCC)	-0.3669095	-5.0542572	0.0000200
lagts(4,GDPCC)	0.6861900	13.047947	6.684D-14
lagts(1,PCPT)	0.0263197	4.1025268	0.0002879
CONSOG	1.5051713	3.3518838	0.0021826
EX	0.1233356	15.718172	6.661D-16
cte	-621.71376	-3.7938278	0.0006707

Jarque and Bera normality test:
chi2(2)=1.2007781
(p -value   = 0.5485982)

Doornik and Hansen normality test:
chi2(2)=0.5258537
(p -value   = 0.7687981)

White heteroscedasticity test:
chi2(21)=23.203863
(p -value   = 0.3332059)

White heteroscedasticity test:
F(21,8)=0.6907997
(p -value   = 0.7688941)

Lagrange multiplier 1-1 autocorrelation test:
chi2(1)=0.0018664
(p -value   = 0.9655408)
Lagrange multiplier 1-1 autocorrelation test:
F(1,29)=0.0018665
(p -value   = 0.9658358)

Lagrange multiplier 1-2 autocorrelation test:
chi2(2)=0.1670524
(p -value   = 0.919867)
Lagrange multiplier 1-2 autocorrelation test:
F(2,28)=0.0840275
(p -value   = 0.9196369)

Lagrange multiplier 1-3 autocorrelation test:
chi2(3)=0.3949143
(p -value   = 0.9412911)
Lagrange multiplier 1-3 autocorrelation test:
F(3,27)=0.1335921
(p -value   = 0.9391916)

Lagrange multiplier 1-4 autocorrelation test:
chi2(4)=0.6352059
(p -value   = 0.9590723)
Lagrange multiplier 1-4 autocorrelation test:
F(4,26)=0.1627783
(p -value   = 0.9552971)

Lagrange multiplier 1-5 autocorrelation test:
chi2(5)=0.7027946
(p -value   = 0.9828149)
Lagrange multiplier 1-5 autocorrelation test:
F(5,25)=0.1446246
(p -value   = 0.9798389)

Lagrange multiplier 1-10 autocorrelation test:
chi2(10)=5.7384011
(p -value   = 0.8367419)
Lagrange multiplier 1-10 autocorrelation test:
F(10,20)=0.8047346
(p -value   = 0.6267874)

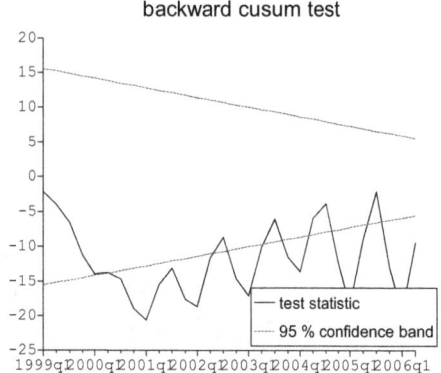

backward cusum test

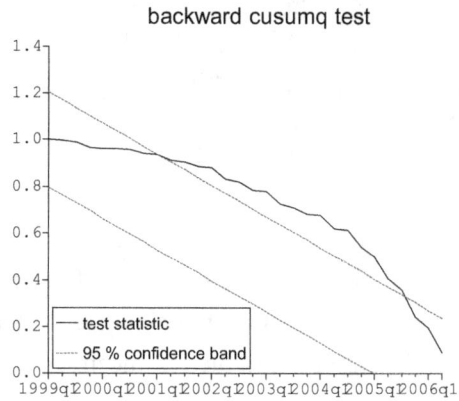

backward cusumq test

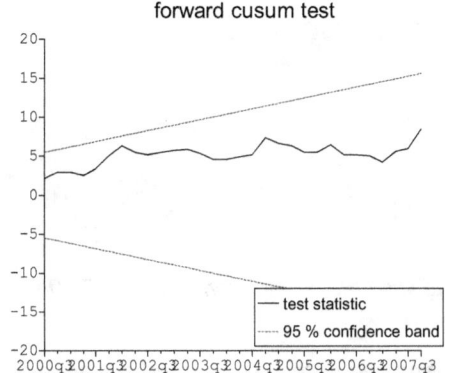

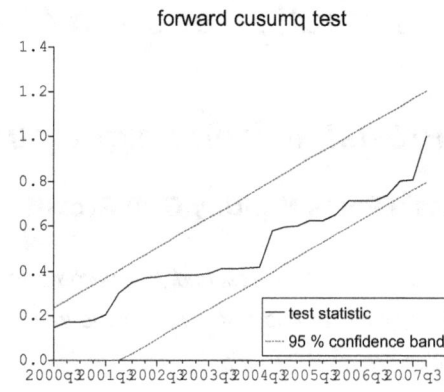

III. Estimation économétrique : Prévision

A. Prévision économique publiée

"Russia Posts Monthly GDP Growth[3]

Russia's GDP growth reached 8.4 percent in April 2008 against the same month of 2007, Deputy Economy Minister Andrei Klepach told journalists today.
He added that GDP rose 8.3 percent in January-April 2008 compared to the same period a year earlier, RBC reports."

"Real changes in GDP and imports, 2006–2010[4]

	2006	2007	2008f	2009f	2010f
GDP	7.4	8.1	7.6	6.8	6.0
Imports	21.6	30.4	25.0	20.0	15.5

Sources: Rosstat 2006–2007, BOFIT forecast 2008-2010"

Ainsi, le PIB devrait etre environ 9663.7*1.083=10465 milliards de roubles selon « RBC »
9663.7*1.076= 10398 milliards de roubles selon FinBank
C'est la fourchette de prévision pour l'année 2008.

B. Application économétrique du modèle

Malheureusement, nous n'avons pas trouvé les valeurs du premier trimestre 2008 pour utiliser pour la prévision. On fera la prévision on enlévant les 2 premiers trimestres 2007 et les comparerons à la valeur observée :
    2007q3=8826.6
    2007q4=9663.7

Prévision par le modèle 1 :
GDPCC= -925.598-0.4628196*GDPCC(t-2)+0.4272020*GDPCC(t-4)+215.76808*PMCS+ 2.2420187*CONSOG +0.0941383*EX+2,6619507*TRT

2007q3a	= 8887.4036	ecart en % à la valeur observée = 0,689%
2007q4a	= 9708. 1832	ecart en % à la valeur observée= 0,458%

Prévision par le modèle 2 :
GDPCC=765.43029-0.3329272*GDPCC(t-3)-23.088145*PG+4.5281787*TRT(t-3)+0.0730164*EX +3.1252583PP+5.0909176*TRT

2007q3a = 8856.8100   ecart en % à la valeur observée = 0,342%

---

[3] **http://www.rzd-partner.com/news/2008/05/27/324809.html**
[4] http://www.bof.fi/NR/rdonlyres/258ED784-5359-4D4D-9566-B8187F8D99A5/0/brf108.pdf

2007q4a   =   9703.0931   ecart en % à la valeur observée = 0,407%

Prévision par le modèle 3 :

GDPCC=-621.71376+-0.3669095GDPCC(t-2)+ 0.6861900 GDPCC(t-4)+   0.0263197PCPT(t-1)+ 1.5051713CONSOG+0.1233356EX

2007q3a = 8855,6   ecart en % à la valeur observée = 0,32%
2007q4a = 9519,1   ecart en % à la valeur observée = 1,49.%

Modèle 2 s'est montré etre le plus efficace.

Conclusion

Le modèle 2 choisi par la méthode backward stepwise s'est montré le plus efficace pour la prédiction. C'est le modèle qui inclus : le retard en 3 du GDPCC, la production du Gas, vente au détail total en t et t-3, les exportations en t et prix de la production.

Bibliographie

1. Livres

Notions fondamentales d'économie / Michel Bialès, Rémi Leurion, Jean-Louis Rivaud Vanves : Foucher, 2007

Macroéconomie / Hubert Kempf. Paris : Dalloz, 2006

Econométrie : théorie et applications / Valérie Mignon. Paris : Economica, DL 2008

Introduction à l'économétrie / Brigitte Dormont. Paris : Montchrestien, DL 2007

L'économie de la Russie / François Benaroya. Paris : La Découverte, 2006

2. Documents

Tendances de la conjoncture. Chiffres du mois. Paris : INSEE, Direction générale

Accounting for Russia's Post-Crisis Growth : Bilan de la croissance après la crise en Russie. Rudiger Ahrend, 2004

Russia Energy Survey 2006. International Energy Agency, 2006

3. Sites

http://oberon.sourceoecd.org/vl=1232935/cl=11/nw=1/rpsv/ij/oecdstats/16081234/v195n1/s1/p1

SourceOCDE : Principaux indicateurs économiques

http://www.insee.fr/fr/nom_def_met/definitions/html/accueil.htm

Les définitions des concepts les plus souvent utilisés

http://stats.oecd.org/wbos/viewhtml.aspx?queryname=492&querytype=view&lang=en

Basse de données de SourceOECD---Russie

http://www.rzd-partner.com/

L'information économique de la Russie

http://www.bof.fi/NR/rdonlyres/258ED784-5359-4D4D-9566-B8187F8D99A5/0/brf108.pdf

Forecast réalisé par la banque de Finland pour le GDP en Russie

Annexes

Dates	GDPCC	PC	PCPT	PG	PMCS	PTI	TE	EX	IM	MEA	CONSOF	CONSOPF	CONSOH	CONSOG	CP	PP	TRT
1998Q1	550.9	25167	54.9	3.6	91.4	64	5981	5947	1010	420	317.3	307.2	102.7	36.8	41.3	69.9	34
1998Q2	602.5	24967	45.5	3.6	84.8	63.7	6215	5796	1069	427	322.9	312.4	104.2	37.4	41.1	69.6	419
1998Q3	675.5	25367	42.9	3.3	78.4	63.5	6389	4477	1094	503.7	383.5	371.6	120.1	43.4	41.3	85.3	1912
1998Q4	800.8	25567	53.8	3.5	88.1	63.3	6230	3118	1255	653.1	487.4	471.1	165.7	60.7	48	115.3	3111
1999Q1	901.3	24800	53.6	3.6	90	63.3	5091	3037	1248	708	549.4	536.7	158.6	74.6	56.5	121.1	2054
1999Q2	1101.5	25167	47.5	4.1	89.1	64.2	5695	3369	1511	766.3	594.3	580.5	172	81	63.4	133.1	2326
1999Q3	1373.1	25800	43.5	4.4	91.1	64.5	6294	3161	1642	852.5	669.9	655.3	182.6	86	71.3	148.4	3132
1999Q4	1447.3	25933	52.6	4.4	98.1	64.1	8104	3611	1927	958.9	768.9	753.7	190	89.5	81.9	171.7	4493
2000Q1	1527.4	25900	53.1	4.7	100	63.7	7964	3327	1899	997.7	742.5	724	255.2	93.5	90.5	164	4638
2000Q2	1696.6	26467	46	4.8	96.6	64.7	8486	3460	2145	1045	780.1	760.9	265	97	96.4	172	5026
2000Q3	2037.8	27467	43.5	5	98.8	65.1	8879	3709	2319	1167.3	877.9	857.6	289.5	102.2	103.6	191.1	5170
2000Q4	2043.7	27867	51.9	4.8	104.5	65	9683	4458	2653	1266.8	973.9	952.7	292.8	107.2	109.5	223.3	5225
2001Q1	1900.9	27433	52.3	4.6	100.6	63.3	8520	3764	2781	1306.3	960.4	937.1	345.9	114.4	113.9	219.6	4756
2001Q2	2105	28500	46.1	4.9	101.3	64.4	8718	4539	3082	1412.8	1047.6	1023	365.2	120.8	117.5	240.8	4179
2001Q3	2487.9	29800	41.8	4.9	108.9	65.3	8532	4413	3393	1524	1150.2	1125	373.9	123.6	120.5	258.5	4119
2001Q4	2449.8	30233	53.6	4.7	110	64.8	8193	5206	3872	1643.8	1258.8	1233	385	127.3	120.8	294.4	2986
2002Q1	2259.5	29833	53.3	4.6	103.6	65.1	7295	4116	3836	1691	1233.6	1203.2	457.4	134.7	120.5	275.1	3179
2002Q2	2525.7	30833	47.6	4.8	105.4	66.1	8764	4923	4257	1779.9	1305.3	1273.8	474.6	139.6	125.8	293.8	3841
2002Q3	3009.2	32533	42.7	5.1	115	67.1	9643	5242	4547	1907.1	1423.6	1391.5	483.5	142.1	134.7	320.2	4401
2002Q4	3023.2	33300	52.7	5	112.8	65.8	10065	6042	5018	2070.8	1573	1539.9	497.9	146.4	141	362.1	4023
2003Q1	2850.7	33133	54.3	4.9	108.4	64.5	10360	5327	4800	2071.1	1513.7	1476.6	557.4	154.5	144.8	336.8	5033
2003Q2	3107.8	34400	49.5	5.2	108.9	65.6	10583	6067	5296	2165.8	1586.1	1547.8	579.7	159.2	148.7	356.2	4516
2003Q3	3629.8	36167	47.3	5.2	112	67.1	11648	6524	5549	2289.9	1702.2	1663.3	587.7	161.3	154.9	379.6	5124
2003Q4	3655	36733	55.7	5.2	121.8	67.1	12718	7438	6401	2497.9	1892.1	1852.4	605.8	164.7	159.1	432.3	5280
2004Q1	3516.8	36800	55.9	5.2	117.7	66.1	12430	6639	6173	2584.7	1900.6	1864.8	684.1	170.9	170.5	409.2	5790
2004Q2	3969.8	37800	51	5.3	118	67.8	14396	7658	6650	2714.9	2012.1	1975.4	702.8	175.4	181.8	437.3	6738
2004Q3	4615.2	39233	48.1	5.5	121.6	68.4	16156	8321	6930	2919.6	2203	2165.6	716.6	179.1	192.8	473	7836
2004Q4	4946.4	39267	55.8	5.8	130.4	67.4	18087	9842	7582	3182.3	2438.3	2399.8	744	183.9	204.3	546.4	8245
2005Q1	4459.7	38133	57	5.4	121.6	67.1	16735	8570	7638	3170.8	2316	2282.6	854.8	193.3	210.2	503.5	8165
2005Q2	5080.4	38700	51.5	5.5	122.3	68.2	19853	9810	8234	3460.5	2569.9	2535.4	890.6	199.5	223.9	558	10043
2005Q3	5873	39767	48	5.4	126.3	69.1	21629	10819	8674	3686.6	2777.3	2742.4	909.3	201.8	232.3	598.7	10810
2005Q4	6212.3	40167	57.1	5.7	136.6	68.7	23049	12612	9651	4001	3065	3029.6	936	204.7	237.2	685.9	10438
2006Q1	5845.3	38800	58.1	5.6	128.6	67.8	22449	10291	9397	3960.9	2854.4	2815.5	1106.5	214.3	241.2	617.7	12159
2006Q2	6361.3	39867	52.8	6	132	68.6	25518	12939	10401	4239.8	3098.4	3058.8	1141.4	218.3	252.2	687.9	12579
2006Q3	7280.6	40667	50.3	5.9	137	69.8	26606	14208	10949	4520.5	3364.2	3324.2	1156.3	220.8	264.4	744.2	12398
2006Q4	7392.5	40833	57.5	6.1	147.9	69.2	26611	17323	12203	4894.8	3722.9	3682.4	1171.9	223.3	257.9	848	9288
2007Q1	6747.9	40400	58.3	6.1	138	69.4	23918	14257	11876	4818.8	3424.2	3381.9	1394.6	230.8	262	745	9661
2007Q2	7749.1	40600	52.8	6.1	141.4	70.6	27945	17584	12993	5231.2	3792.5	3749.3	1438.7	235.6	285.2	838.8	10361
2007Q3	8826.6	41333	48.1	5.9	144.6	71.4	29896	19443	13494	5599.9	4136.9	4092.9	1463	240.5	300.4	923.5	10453
2007Q4	9663.7	41200	57.8	6.1	156.2	70.9	36730	23189	15699	6161	4636.9	4591.4	1524.1	248.7	311.1	1078.6	13540

lines(0);

```
chdir('c:\grocer');
impexc2bd('c:\Grocer\RussieGrocer.csv',';','c:\Grocer\RussieGrocer.dat');
load('c:\Grocer\RussieGrocer.dat');


//prtts(GDPCC);

//TXPG=growthr(PG);
//MGDPCC=mean(TXGDPCC);
//pltseries('TXPG','Taux de croissance de la Production du GAS en %');


//rols=ols('GDPCC','lagts(1,GDPCC)','lagts(4,GDPCC)','PC','PCPT','PG','PMCS','PTI','CO
NSOG','EX','IM','MEA','CP','PP','TRT','NT','cte');
// Modèle statique avec des pb d'autocorrélation de l'ordre 4 surtout:
//rols=ols('GDPCC','lagts(2,GDPCC)','PG','lagts(3,PG)','lagts(3,TRT)','EX','PP','TRT','cte');
//          modèle          dynamique          retenu          parfait:
rols=ols('GDPCC','lagts(3,GDPCC)','PG','lagts(3,TRT)','EX','PP','TRT','cte');
//rols=ols('GDPCC','PG','TRT','NT','cte');
//[r1]=automatic('GDPCC','lagts(2,GDPCC)','lagts(4,GDPCC)','PC','lagts(1,PC)','lagts(1,
PCPT)','lagts(2,PCPT)','PCPT','lagts(3,PG)','lagts(4,PG)','CONSOG','lagts(3,TRT)','EX','IM
','MEA','TRT','NT','cte','prt=initial,final,st2_mod,test');
//[r1]=automatic('GDPCC','lagts(2,GDPCC)','lagts(4,GDPCC)','PC','lagts(1,PCPT)','lagts(
2,PCPT)','lagts(4,PG)','CONSOG','EX','MEA','TRT','cte','prt=initial,final,st2_mod,test');
//modèle final 3 dynamique par sélection atomatique
//rols=ols('GDPCC','lagts(2,GDPCC)','lagts(4,GDPCC)','lagts(1,PCPT)','CONSOG','EX','ct
e');
//[r1]=automatic('GDPCC','lagts(1,GDPCC)','lagts(2,GDPCC)','lagts(3,GDPCC)','lagts(4,
GDPCC)','PC','PCPT','PG','PMCS','PTI','CONSOG','EX','IM','MEA','CP','TRT','NT','cte','prt
=initial,final,st2_mod,test');

bounds('1999q1','2007q3');
rols=ols('GDPCC','lagts(2,GDPCC)','lagts(4,GDPCC)','PMCS','CONSOG','EX','TRT','cte');s
tatfore(rols,'2007q1','2007q2');

//*****************Test          de          normalité          de          Jarque-
Bera******************************
//jbnorm(rols)
//****************Test          de          normalité          de          Doornik-
Hansen******************************
//doornhans(rols) ;
//***********Test                    d'hétéroscédasticité                    du
Chi2*******************************************
//hetero_sq(rols) ;
```

```
//***********Test                          d'hétéroscédasticité                          de
White*******************************
//white(rols) ;
//**************Test         d'autocorrélation     LM     d'ordre     p     de
Godfrey*********************
//arlm(rols,1) ;
//arlm(rols,2) ;
//arlm(rols,3) ;
//arlm(rols,4)
//arlm(rols,5)
//arlm(rols,6)
//arlm(rols,7) ;
//arlm(rols,8) ;
//arlm(rols,9) ;
//arlm(rols,10)

///Test ARCH d'ordre p*************
//archz(rols,p) ;
//***********Test           d'hétéroscédasticité          de           Breush-
Pagan****************************
//bpagan(rols,'lagts(1,GDPCC)','lagts(2,GDPCC)','cte','(lagts(2,GDPCC))^2','(lagts(1,GD
PCC))^2','(lagts(2,GDPCC))*(lagts(1,GDPCC))') ;


//Test de stabilité de Chow avec break en m (nombre d'observations) :
chowtest(rols,m) ;
//Test d'échec prédictif de Chow en échantillon : predfailin(rols,50) ;
//***********Tests de stabilité du cusum et cusum carré de Brown-Durbin-Evans
***********
//backward :
//cusumb('GDPCC','lagts(2,GDPCC)','lagts(4,GDPCC)','PMCS','CONSOG','EX','TRT','cte') ;
//forward :
//cusumf
('GDPCC','lagts(2,GDPCC)','lagts(4,GDPCC)','PMCS','CONSOG','EX','TRT','cte');


//Test Reset de Ramsay pour la non linéarité avec p degré de non linéarité
:reset(rols,2) ;

//************Diagnostic de multicolinéarité de Belsey-Ku-Welsch : //bkwols(x) ;

//Test sur les coefficients de Wald : waldf(r1,r2) ;

//*****************************Prévision*************************
```

****

```
//rols=ols('GDPCC','lagts(1,GDPCC)','lagts(2,GDPCC)','cte');statfore(rols,'2008Q1','2008Q2')
```

//statfore : calcule une prévision statique sur la période de 2007q3 a 2007q4 a partir de

//l'équation estimer par les ols (il est possible aussi de le faire avec hwhite ; nwest et olsar1)